LE LIEU SECRET

Ella N. Andria

LE LIEU SECRET

© 2024 Ella N. Andria
Édition : BoD – Books on Demand, info@bod.fr
Impression : BoD – Books on Demand, In de Tarpen 42, Norderstedt (Allemagne)
Impression à la demande

ISBN : 978-2-3225-4112-6
Dépôt légal : Juin 2024

Mais quand tu pries,
entre dans ta chambre, ferme ta porte,
et prie ton Père qui est là dans le lieu secret;
et ton Père, qui voit dans le secret, te le rendra.
Matthieu 6:6

Introduction

Si cela fait un certain temps que vous êtes chrétien, le terme "relation personnelle" avec Dieu vous est sûrement familier. Car oui, tout en nous entourant d'une famille en Christ (l'Eglise), Dieu nous connaît aussi personnellement et veut tisser cette relation avec nous, individuellement. Dieu nous aime. Dieu m'aime. Et Dieu t'aime.

Relation personnelle, c'est un terme parfois abstrait derrière lequel chacun y met un peu ce qu'il veut : lire la Bible, prier, méditer, entendre la voix de Dieu, lui parler pour qu'Il nous écoute[1] ... Ma relation personnelle, personne ne sait vraiment comment cela se passe. Après tout, Jésus ne nous a-t-il pas enseigné à "entrer dans notre chambre, fermer notre porte, et prier notre Père qui est là, dans le secret" [2] ? Un mystère donc... Et comme je suis experte dans l'art d'enfoncer des portes ouvertes[3], j'ai très envie de dire : des relations personnelles, il y en a autant que des personnes.

Alors, pourquoi ce livre ?

Des livres sur comment lire la Bible, vous en trouverez. Des livres sur la prière aussi. Quant à moi, loin de moi l'idée de me positionner en tant qu'experte de la relation personnelle avec le Seigneur !

[1] Et qu'Il nous réponde aussi, ce serait bien !
[2] Matthieu 6:6
[3] Porte fermée, porte ouverte : vous avez suivi ?

- J'ai suivi des enseignements et des études bibliques de toutes sortes … et cela m'a fait grandir.
- Je me suis procurée quelques concordances, dictionnaires, encyclopédies de la Bible : parfait pour combler mon besoin de creuser dans la Parole.
- J'ai aussi vu des vidéos de Bible Journaling ou autres moyens plus funky de prendre des notes : plutôt inspirant sur nos différentes façons d'appréhender les choses.
- Et bien sûr, "bonne chrétienne" que je suis[4], je lis des livres chrétiens, j'écoute de la musique chrétienne, je regarde des vidéos chrétiennes, je suis des émissions chrétiennes... Bref, je "consomme" chrétien !

Alors, est-ce que c'est ça une relation personnelle avec Dieu ? Vous vous en doutez, rien de ce que j'ai essayé ne m'a réellement satisfait. Et là, tu te retrouves comme l'Ecclésiaste, à te dire : J'ai vu tout ce qui se fait sous le soleil; et voici, tout est vanité et poursuite du vent[5]. Bien sûr que cela marchait bien, pour une saison[6]. Mais pour la vie... évidemment non. Pourquoi ? Simplement, parce que ma relation avec mon Dieu est unique : elle n'est pas la copie conforme de ce que les autres peuvent vivre. Ma relation avec mon Dieu est vivante : elle n'est pas gravée dans le marbre.

---

[4] L'homme regarde à ce qui frappe les yeux, mais l'Eternel regarde au cœur … 1 Samuel 16:7

[5] Ecclésiaste 1:14

[6] Il y a un temps pour tout, un temps pour toute chose sous les cieux. Ecclésiaste 3:1

Au travers de ce livre, je souhaite partager ce que je vis personnellement dans mes temps avec le Seigneur. La façon dont Il me parle, tantôt d'une façon, tantôt d'une autre[7]. La façon dont je lui parle, avec mes mots, mes chants, mes soupirs, … de tout mon cœur, de toute mon âme, de toute ma force. Il se peut qu'il y ait quelques similarités dans nos parcours. Et peut-être même plusieurs. Mais n'oublie jamais que je ne suis pas toi, et tu n'es pas moi[8].

Certains me diront que ce n'est pas bien d'ouvrir la porte de son lieu secret et de s'exposer ainsi au coin des rues[9]. Honnêtement, je me suis dit la même chose lorsque je voyais toutes ces personnes partager le contenu de leurs carnets personnels ou prier tous les matins en faisant un direct sur les réseaux sociaux … Mais Dieu sonde les cœurs et corrige. Si Jésus nous a envoyés pour faire de toutes les nations des disciples[10], je crois vraiment que c'est parce que nous avons non seulement un devoir d'enseignement mais également de témoignage de vie … en pratique. Comme l'a fait Paul[11]. Ou Timothée[12]. Et certainement de nombreux disciples du temps de Jésus jusqu'à aujourd'hui ! Et c'est aussi tout l'objet de ce livre : témoigner et partager.

---

[7] Job 33:14

[8] Très philosophique, mon livre, cela dit en passant…

[9] Matthieu 6:5-6

[10] Matthieu 28:19

[11] 1 Corinthiens 11:1

[12] 1 Timothée 4:12

Alors d'accord, dans ce livre, on ne va pas étudier la signification prophétique du tabernacle dans notre vie en Christ[13]. On va parler de choses assez terre-à-terre[14], concrètes, pratiques ... mais qui finalement, sont peut-être pour certains chrétiens la (re)découverte de cette connexion privilégiée que nous avons déjà vers le ciel. Parce que je suis sûre que comme moi, vous ne voulez pas suivre simplement des commandements humains ou des conseils lifestyle, mais que vous avez ce profond désir d'être connectés au cœur du Père.

Enfin, dernière petite parenthèse, parce que je vois les pharisiens venir : non, je ne remplace pas le Saint-Esprit. Vous l'avez en vous[15], alors n'oubliez pas de l'écouter[16]. Ne pas éteindre l'Esprit. Ne pas mépriser les prophéties. Examiner toute chose. Et retenir ce qui est bon[17].

Tout ceci étant dit, nous pouvons maintenant commencer !

---

[13] Désolée, peut-être dans un prochain livre !
[14] Ou terre-à-ciel, peut-être ...
[15] Romains 8:15-16
[16] Jean 14:26, Jean 16:13-14
[17] 1 Thessaloniciens 5:19-21

1 - Dieu parle

J'ai comme l'impression qu'une grande partie de mes contenus commence par là. Mon podcast *Bible en famille*[18]. Mon émission *Graine de moutarde*[19]. Sans doute parce que c'est vraiment primordial à mon sens de se le rappeler. Dieu parle, oui Dieu parle.

Beaucoup recherchent comment entendre la voix de Dieu. J'avoue, moi aussi, j'ai longtemps cherché. Mais la réponse était sous mon nez. Et je suis sûre que vous le savez déjà aussi. Dieu nous parle à travers[20]... la Bible. Je vous vois déjà venir : inutile de fermer ce livre en vous disant "Tout ça pour apprendre ça !". Basique... mais si important. Si tu ne crois pas que la Bible est vraie et inspirée de Dieu, comment croire qu'Il te parle ?

J'aime l'étrange parabole de Lazare et du riche[21]. "Si quelqu'un de chez les morts vient les trouver, ils se convertiront." Le riche souhaite envoyer à ses frères un message hors du commun, surnaturel, pour qu'ils puissent croire ! Pourtant la réponse ne se fait pas attendre : "S'ils n'écoutent ni Moïse ni les Prophètes[22], quelqu'un pourra bien ressusciter d'entre les morts : ils ne seront toujours pas convaincus." Il nous arrive peut-être de regarder avec envie ce frère qui a eu "une

---

[18] bibleenfamille.com
[19] graine-de-moutarde.com
[20] Roulement de tambours insoutenable ...
[21] Luc 19:19-31
[22] C'est-à-dire la Parole de l'époque

vision" et qui sait exactement où il doit aller. Ou encore cette sœur qui a tout lâché pour faire "ce que Dieu lui a mis sur le cœur". Et moi alors ? Pourquoi Dieu ne me parle pas clairement ?

Je crois que Dieu parle encore aujourd'hui de différentes façons, par les paroles de quelqu'un, par les situations, la nature, les rêves et les visions, on en parlera par la suite dans ce livre[23]. Mais j'ai quand même envie de dire : commence par croire que le moyen le plus fiable et le plus accessible que Dieu nous a laissé pour nous parler intelligiblement est la Bible. Elle est bien plus qu'un simple livre, c'est à travers elle que Dieu communique avec toi. A toi, personnellement. Crois cela, et ce sera déjà beaucoup, crois-moi.

Lire la Bible, OK. Mais comment ?

On ne lit pas la Bible comme on lit un livre d'histoire ou de poésie. Lire la Bible nécessite une traduction. Et le traducteur, c'est...[24] le Saint-Esprit. Malheureusement, au début, on ne comprend même pas le traducteur, n'est-ce pas ? Écoute le Saint-Esprit, écoute le Saint-Esprit... OK, mais je n'entends rien moi ! C'est pourquoi, Dieu, dans sa graaaande bonté, nous a donnés "les uns les autres" afin que "tout se fasse pour l'édification"[25].

---

[23] Ah oui, tout à coup, vous n'avez plus envie de fermer ce livre, n'est-ce pas ?
[24] Allez, on se refait un petit roulement de tambours ?
[25] 1 Corinthiens 14:26

Et il a donné les uns comme apôtres, les autres comme prophètes, les autres comme évangélistes, les autres comme pasteurs et docteurs, pour le perfectionnement des saints en vue de l'œuvre du ministère et de l'édification du corps de Christ.
Éphésiens 4:11-12[26]

Que faire donc, frères? Lorsque vous vous assemblez, les uns ou les autres parmi vous ont-ils un cantique, une instruction, une révélation, une langue, une interprétation, que tout se fasse pour l'édification.
1 Corinthiens 14:26

C'est comme quand tu viens de recevoir ta super caméra[27], mais que malheureusement, il y a tellement d'options que tu ne sais pas l'utiliser et tu ne sais pas par où commencer. Tu as plusieurs options :

- ☐ lire le mode d'emploi (bravo !)
- ☐ demander à un ami[28] qui s'y connaît déjà[29]
- ☐ abandonner (dommage…)

Plus tard, quand tu auras un peu mieux compris les bases, tu te rendras compte que lire le mode d'emploi, ce n'est pas mal aussi ! Donc oui, Dieu parle, et Il a déjà parlé à de nombreuses personnes avant toi et moi.

---

[26] Lire aussi la suite du passage biblique, elle est vraiment à propos !

[27] Ou instrument de musique ou appareil électroménager … ou je ne sais pas quelle est ta passion…

[28] Pour certains, Internet est aussi un ami !

[29] Ou au moins, un peu mieux que toi !

Le témoignage des autres

En fonction du milieu que tu fréquentes, tu pourras entendre différents types de témoignages. Des chrétiens qui parcourent les monts et les mers pour établir des communautés chrétiennes. Des chrétiens qui racontent comment un simple verset de la Bible que toi, tu as déjà lu 1000 fois sans grand effet, a complètement changé leur vie. Des chrétiens qui abordent de parfaits inconnus dans la rue pour leur dire que Jésus sauve. Des chrétiens qui ne parlent pas beaucoup, mais qui passent leur temps à s'occuper des autres. Des chrétiens qui connaissent par cœur le livre des Lévitiques en hébreu[30]. Tant de diversité, parce que Dieu a donné les uns comme apôtres, les autres comme prophètes, les autres comme évangélistes, les autres comme bergers et enseignants[31].

Mais cette diversité nous donne parfois l'impression que les serviteurs de Dieu se renvoient dos à dos avec une incapacité totale à communiquer. Pourtant, il y a tant à apprendre des uns des autres ! L'histoire que Dieu a écrite pour toi n'est pas la même que celle qu'Il a écrite pour ton voisin. Parce qu'évidemment, ta vie diffère en bien des points de celle de ton voisin[32]. Mais c'est ce qui fait que Dieu est Dieu, et que nous, nous sommes "de pauvres humains limités dans leurs pensées mais que Dieu aime tellement qu'Il nous parle quand

---

[30] En vrai, je n'en ai jamais connus, mais ça doit sûrement exister
[31] Ephésiens 4:11
[32] Encore l'art d'enfoncer une porte ouverte …

même"[33]. Oui, comme quand tu dis "areuh, areuh" à un bébé[34] alors que tu fais des discours très pointus devant des centaines d'experts à ton travail. Parfois, Dieu est obligé de nous dire "areuh, areuh", sinon on ne comprend rien …

Quoi qu'il en soit, j'aimerais vraiment insister sur le fait que nous sommes tous différents et que chaque membre du Corps de Christ[35] (l'Église) peut nous faire grandir encore davantage dans notre foi et notre connaissance de Dieu. D'ailleurs, il y a un verset dans la Bible qui m'a vraiment marqué, c'est celui qui dit : si tu crois avoir tout compris, eh ben, t'as rien compris[36] ! Alors inutile de se la ramener avec nos gros bouquins et nos airs de je-sais-tout en proclamant à tout va que tout le monde devrait vivre sa foi comme nous. Please.

---

[33] Ca, c'est une super phrase très longue mais grammaticalement correcte

[34] Petite parenthèse parentalité : dire "areuh" à un bébé peut aider à stimuler son apprentissage du langage et à renforcer la communication entre l'enfant et l'adulte. Mais bien sûr, il faut penser à lui parler normalement aussi parfois !

[35] 1 Corinthiens 12:12-27

[36] Bon, c'est à peu près ça, mais je te conseille quand même d'ouvrir ta Bible pour vérifier : 1 Corinthiens 8:2

2 - La volonté de Dieu pour moi

J'aime bien comparer l'information avec l'alimentation. A l'heure où je vous écris, j'ai un peu d'embonpoint[37]. Mais ce n'est pas surprenant parce que je mange plus que je ne dépense. Vous comprenez, écrire un livre, ce n'est pas physiquement très très prenant[38]. Eh bien, c'est la même chose avec l'information. Et dans notre cas particulier, je crois que c'est la même chose avec les différentes paroles que nous recevons de Dieu. On peut consommer beaucoup de paroles (manger), mais la restituons-nous aussi dans nos vies (dépenser) ?

Réfléchis à la dernière chose que tu as comprise après avoir lu ta Bible[39]. Peut-être que tu en es ressorti édifié. Un peu comme un petit boost dans ton train-train quotidien. Super[40]. Et après ? Qu'est-ce qui a changé dans ta vie ensuite ? Est-ce que cette "information" est restée sagement dans ton cerveau pour remplir ta bibliothèque de connaissances (qui déborde peut-être déjà) ? Ou l'as-tu appliqué à une situation concrète de ta vie ? D'accord, l'application n'est peut-être pas toujours pour tout de suite, tout de suite. Mais au moins, tu l'as certainement consigné dans ton magnifique carnet pour t'en rappeler ... un jour ?

---

[37] Un peu, mais pas trop, merci de vous inquiéter de ma santé.

[38] Même si, évidemment, d'autres parties de mon corps travaillent en fait beaucoup

[39] Ou écouté un sermon / entendu un témoignage / reçu un conseil ...

[40] Quand je dis "Super", je pense vraiment "Super", ce n'est pas ironique.

La comparaison que nous donne la Bible d'une personne qui entend la Parole de Dieu mais qui ne la met pas en pratique m'a toujours fait sourire.

Si quelqu'un écoute la parole et ne la met pas en pratique, il est semblable à un homme qui regarde dans un miroir son visage naturel, et qui, après s'être regardé, s'en va, et oublie aussitôt quel il était.
Jacques 1:23-24

Sérieux ? Ridicule, non ? Et pourtant, c'est ce qu'on fait très souvent. Allez, je ne vous lance pas la pierre, je vais simplement dire que c'est ce que JE fais très souvent. Le problème n'est pas tant de ne pas entendre la voix de Dieu. Il est fort probable, en vrai de vrai, que tu saches déjà ce que Dieu veut que tu fasses. Simplement, tu ne sais peut-être pas que c'est Dieu qui te le demande. Te lever plus tôt pour faire du sport. Prendre du repos au lieu de charger ton emploi du temps comme un ministre. T'investir dans les activités de l'église au lieu de traîner des heures devant ton streaming préféré. Arrêter de t'investir dans toutes les activités de l'église parce que ton couple et ton foyer en pâtissent[41].

Ce ne sont pas des lois. Ce ne sont pas non plus des "best practices" recensées dans le guide pratique du parfait disciple de Jésus. Ce ne sont pas des règles absolues, que "si tu ne les fais pas,

---

[41] Quelques exemples pour préciser aussi que Dieu ne demande pas les mêmes choses à tout le monde ! Ce qu'il te demande, à toi, ne va pas l'ériger en loi pour ton voisin ! Occupons-nous de notre poutre… Matthieu 7:3-5

tu vas être banni de la liste des bons chrétiens". Mais toutes ces petites paroles ou pensées ont quand même un point commun : elles nécessitent une action. Et faire cette action, cela s'appelle OBÉIR. En réalité, je crois que l'obéissance est ce qui fait la différence entre un chrétien qui cherche la volonté de Dieu et un chrétien qui trouve la volonté de Dieu. Dieu ne peut pas t'emmener au 1er étage (et plus haut encore), si tu n'as même pas décidé de monter la 1ère marche. Peut-être que pour toi, ce n'est qu'une petite marche de rien du tout, sans importance ... alors, à quoi bon la franchir ? Pourtant, le 1er pas a toute son importance !

La volonté de Dieu se cache parfois au milieu de ta Todo List ! Prends le temps de prier (IMPORTANT). Ensuite, fais ce que tu penses avoir compris. Tu penses à une personne qui se sent peut-être seule en ce moment ? Fais une pause et prends le temps de la contacter. Oui, c'est une méthode farfelue. Pas certaine que quelqu'un ait déjà écrit ça. Mais j'assume complètement. Fais et vois. Puis ajuste. C'est le 1er pas. Tu te sentiras peut-être comme ce bébé qui comprend qu'il peut marcher avec ces 2 pieds.

Tu es encore là ? Permets-moi d'insister si tu es encore en train de lire ce livre. Il ne sert à rien de continuer de consommer, engranger, engloutir l'information si cela ne change rien à ta vie. Tu vas devenir obèse. Et tu vas oublier ton visage alors que tu viens de te regarder dans un miroir[42].

---

[42] Jacques 1:23-24

3 - Connaître Dieu

Or, la vie éternelle, c'est qu'ils te connaissent,
toi, le seul vrai Dieu, et celui que tu as envoyé, Jésus-Christ.
Jean 17:3

Le temps que tu passes avec quelqu'un te permet de mieux le connaître. Bien sûr, le courant passe parfois mieux avec certains qu'avec d'autres. Mais à ton degré d'intimité avec une personne, tu seras plus ou moins à même de savoir, par exemple, si son silence signifie une gêne, une peur ou simplement la sérénité ou la confiance.

Quand Dieu ne semble pas me répondre ou que la réponse n'est pas du tout celle que j'attendais, est-ce que je comprends pourquoi ? Que se passe-t-il dans ma tête ? Est-ce que ce n'est pas le bon moment ? Est-ce que je suis censée faire quelque chose ? La réponse n'est pas toujours évidente, mais avec le temps, j'apprends à reconnaître Ses encouragements et Ses avertissements et à patienter dans la paix. Comment ? En passant du temps en sa présence, du temps à chercher sa face, à me préoccuper davantage du "royaume de Dieu" que de mes propres besoins[43]. On dit souvent que ce n'est pas le temps que tu passes à lire ta Bible ou à prier qui définit ton degré d'intimité avec ton Seigneur, mais la qualité de ces moments. Mais avouons quand même que si on ne pense à Dieu que quelques minutes par jour, il y a des chances qu'on ne comprenne pas toujours

---

[43] Matthieu 6:33

ce qu'Il a à nous dire. C'est comme si tu ne faisais que passer quelques instants chaque jour avec ton conjoint, juste pour lui demander de sortir les poubelles et de faire quelques courses. C'est une communication qui est presque inexistante : et même si l'amour est là, on finit par se retrouver face à quelqu'un qui semble être un étranger, ayant vécu une vie parallèle dont on n'a aucune connaissance.

La Bible nous enseigne à prier sans cesse[44]. C'est vraiment un drôle d'enseignement. En pratique, et si on le prend au pied du mot, ce n'est pas possible. Mais dans les prochains chapitres, je t'expliquerai comment j'ai appris que prier sans cesse, c'est cultiver cette relation avec mon Père céleste au fil du temps. Comme indiqué en introduction de ce livre, il ne s'agit pas là d'une méthode miracle pour avoir ton temps personnel avec Dieu, mais d'un témoignage parmi tant d'autres sur la façon dont chacun de nous peut être sensible à ce que Dieu nous dit encore aujourd'hui.

Dieu ne cherche pas à rester mystérieux envers nous, Il veut se faire connaître[45]. Mais pourquoi Il ne me dit simplement pas tout, tout de suite ? Je n'ai jamais imaginé un enfant de maternelle résoudre l'équation $x + 3 = 5$. D'abord, il ne sait peut-être même pas lire les chiffres. Et les opérations alors, … n'en parlons pas. Par contre, si je lui dis que j'ai 3 pommes dans mon panier, et que j'aimerais en avoir 5 : combien de pommes faut-il rajouter ? Il y a de fortes chances que ce

---

[44] 1 Thessaloniciens 5:17
[45] Jérémie 29:13-14

problème soit beaucoup plus accessible pour lui. Ainsi, Dieu pourrait très bien nous montrer la grande équation qui expliquerait tout de Lui... mais serions-nous capables de la déchiffrer ?

O profondeur de la richesse, de la sagesse et de la science de Dieu!
Que ses jugements sont insondables, et ses voies incompréhensibles!
Car Qui a connu la pensée du Seigneur, Ou qui a été son conseiller?
Qui lui a donné le premier, pour qu'il ait à recevoir en retour?
C'est de lui, par lui, et pour lui que sont toutes choses.
A lui la gloire dans tous les siècles! Amen
Romains 11:33-36

J'aimerais bien que mon fils de 5 ans[46] sache résoudre l'équation algébrique citée plus haut. Mais il est évident qu'il lui faudra franchir plusieurs étapes avant d'y arriver : différencier l'abstrait et le matériel, comprendre les signes mathématiques, savoir exprimer des relations entre des quantités, ... Mon fils sera-t-il assez patient pour passer toutes ces étapes ? D'ailleurs, a-t-il seulement envie de savoir résoudre cette équation ? Et moi-même, où en suis-je face à mon Dieu ? Ai-je vraiment envie de Le connaître davantage ? Ai-je envie d'une révélation flash pour comprendre là maintenant tout de suite qui Il est ? Et suis-je prête pour cela ? Est-ce que je prends du temps dans Sa Présence pour mieux Le comprendre ?

---

[46] Bientôt 6, il fallait le préciser !

Quand je pense connaître Dieu, il y a souvent un message pour me dire "Oui, mais …". Comme si je marchais sur un fil[47], vacillant entre la miséricorde et la sainteté de Dieu, entre Sa puissance et Sa douceur, entre Sa souveraineté et Sa proximité … Ce n'est pas un manque de conviction en qui Il est. Mais c'est être confronté à toute la grandeur de Dieu, et son caractère insondable ! On se forge parfois l'image d'un Dieu qui ne correspond qu'aux attributs que nous aurions (souvent involontairement) triés sur le volet. Après tout, marcher sur un fil, c'est peut-être ce que Jésus voulait dire quand il parlait d'un chemin étroit[48]…

Et toi, quelle "image" as-tu de Dieu ? Un Dieu inaccessible ? Un Père aimant ? Un Père Fouettard ? Que fais-tu des passages bibliques qui te révèlent un caractère de Dieu qui te gène ?

---

[47] Souvenez-vous de ce fil, j'en parlerai encore plusieurs fois dans ce livre !
[48] Matthieu 7:13-14

4 - Comment lire la Bible ?

Souvent, ce n'est pas l'envie qui nous manque de lire la Bible. On sait que c'est la Parole de Dieu. On sait que c'est bon pour nous. Comme du miel, on dit[49] ! On sait qu'on devrait la lire régulièrement. Facile à dire … mais par où commencer ? La lire de Genèse à Apocalypse ? Honnêtement, beaucoup ont été découragés à partir de Lévitique ou des Chroniques … Mais alors, comment faire concrètement ?

Lire ensemble

Tout d'abord, je crois que lire avec d'autres personnes peut être un bon commencement. Comme lorsqu'on commence à aller à la salle de sport et qu'on ne sait pas vraiment quel appareil utiliser, on se sent toujours un peu mieux lorsqu'on est accompagné. D'une part, cela motive, mais d'autre part, nous avons quelqu'un avec qui échanger. Renseignez-vous auprès de votre communauté, il y a souvent des groupes de lecture et/ou d'étude biblique, des groupes de maison ou de prière, au sein de l'Eglise. Et si ce n'est pas le cas, tournez-vous vers une personne de confiance qui pourrait vous accompagner dans cette démarche. Enfin, s'il n'y a vraiment rien d'existant autour de vous, pourquoi ne pas vous-même être à l'initiative de lire la Bible

---

[49] Psaume 119:103

ensemble ? Appuyez-vous sur des plans de lecture existants et en invitez vos proches à se joindre à vous !

Les guides de lecture

Concernant les plans de lecture, j'en ai utilisé plusieurs, qui m'ont permis d'avancer à chaque instant de ma vie. Maintenant que j'ai des enfants, je les incite également à prendre cette habitude de prendre un temps à l'écoute du Seigneur chaque jour.

Pour débuter

Dans ma jeunesse, j'ai utilisé beaucoup de guides de lecture avec un passage biblique et une courte méditation :

- *La Bonne Semence*
  Un classique qui propose une réflexion basée sur un verset de la Bible chaque jour. Il aborde des thèmes variés et encourage les lecteurs à se tourner vers Jésus. Il offre également des perspectives sur les problèmes quotidiens.

- *Trésor Quotidien*
  Un calendrier qui nous accompagne dans notre méditation quotidienne. Il propose un plan pour la lecture couvrant toute la Bible en une année. Certains feuillets sont spécialement

écrits pour ceux qui ne connaissent pas le message de l'Évangile.

- *Notre Pain Quotidien*
  C'est un recueil de courtes méditations, accompagnées de passages bibliques et de prières. Il encourage à commencer chaque journée en passant du temps avec Dieu.

Je me souviens que l'un de ses guides[50] suivait le programme de lecture de notre église locale, et il y avait même la référence d'un cantique à chanter !

A l'époque, il n'y avait pas Internet[51], mais aujourd'hui, beaucoup d'autres possibilités s'offrent à nous pour développer ces lectures quotidiennes. J'aime spécialement l'application *YouVersion*, qui propose des plans de lecture, la possibilité de surligner des versets, de prendre des notes, de partager avec ses amis … Par contre, je conseillerai de suivre un plan de lecture assez long car il est difficile de créer une habitude en ne suivant des lectures que sur quelques jours seulement.

Pour les personnes plus audiophiles, il existe également des podcasts quotidiens, plus ou moins courts, qui peuvent faire office de méditations quotidiennes. Par contre, je ne saurais vous recommander

---

[50] Mais je ne me souviens plus lequel.
[51] Oui, je suis vieille…

lesquels, car personnellement, j'écoute plutôt des podcasts d'enseignements longs.

Par rapport à ces guides de lecture quotidien, j'aimerais tout de même émettre un point d'attention : on peut très vite se retrouver à lire vite fait, en diagonale, notre petit texte, parfois simplement pour être satisfait d'avoir accompli sa dévotion du jour … Bien sûr, la parole de Dieu ne restera pas sans effet, mais de notre côté, je crois que ce n'est pas ainsi que nous pourrons développer notre sensibilité à ce que Dieu veut nous dire au quotidien. Soyons conscients donc que ces méditations ne se lisent pas "juste comme ça", qu'elles ne sont pas la énième information que nous ingérons pour finalement l'oublier dans une partie de notre cerveau[52]. Ces méditations devraient avoir un écho concret dans notre vie quotidienne.

Pour les enfants

Je crois qu'il est important de sensibiliser nos enfants à cette habitude de lire la Bible tous les jours, de la même façon que nous leur apprenons à manger de la bonne nourriture au quotidien. Ainsi, il existe aujourd'hui plusieurs guides de lecture pour les enfants. Honnêtement, je n'ai pas toujours été un modèle dans cette pratique ! Mais je dois avouer qu'accompagner mes enfants dans cette habitude m'a également beaucoup appris, et fait grandir ! Alors, vraiment, lancez-vous !

---

[52] voir chapitre 2

- *La Bible racontée aux enfants en 365 histoires*

De Joy Melissa Jensen. Pour moi, c'est un coup de cœur. Ce livre propose de parcourir la Bible, chronologiquement, en lisant chaque jour un petit récit, fidèle aux Écritures, avec la référence au texte biblique. Le seul bémol que je mettrai à ce livre, c'est qu'il n'aborde que les récits[53], c'est-à-dire qu'il n'y a pas les livres de la sagesse (Proverbes, Ecclésiaste, Job), les prophètes ou encore les épîtres de Paul. Cela reste tout de même un excellent livre qui permet d'avoir une belle vision d'ensemble de la Bible.

- *Petites Bénédictions*

Chaque Jour Un Petit Mot De Dieu de Kathy Lee.
Un livre très accessible pour les plus petits (plutôt avant 6 ans). La méditation est courte, avec des mots simples, et une phrase finale qui résume l'idée principale du jour.

- *Notre Pain Quotidien pour enfants*

A l'image du guide du même nom pour les adultes. Des méditations avec des exemples qui, je pense, parlent beaucoup aux enfants. J'aime bien également les petits focus documentaires qui nous permettent en quelque sorte de connecter ce que nous lisons à ce que nous vivons : ce ne sont pas 2 mondes différents, le monde de la Bible et le monde

---

[53] Comme une majorité de livres chrétiens pour enfants, il me semble. Un sujet à creuser, je pense...

dans lequel on vit ! Mais un "vrai Dieu" qui est présent dans "les vraies choses" de la vie quotidienne.

Dans tous ces guides, et afin de ne pas prêter à confusion, je pense qu'il est utile de préciser aux enfants qu'il s'agit de méditations basées sur la Bible, et non de la Bible elle-même. Peut-être prévoir d'ouvrir concrètement la Bible avec eux lorsqu'une référence est indiquée.

Etude personnelle de la Bible

Un jour, lire un petit feuillet de méditation le matin ne me suffisait plus. J'avais soif de plus, envie de plonger dans la Bible et de découvrir de nouvelles choses. Un peu comme si je passais d'un mode de découverte à un mode exploration : fini l'état des lieux, on commence à se sentir un peu plus chez soi.

Les méthodes d'étude biblique

J'ai continué de suivre des plans de lecture, à ceci près que je ne lisais pas la méditation[54], mais je lisais simplement le texte biblique selon les références proposées et j'essayais de comprendre comment Dieu pouvait me parler. C'était le début de mon aventure "carnets" ! Il existe plusieurs méthodes pour étudier un texte biblique. Je ne les ai évidemment pas toutes essayées, mais en voici quelques-unes que je trouve pertinentes.

---

[54] Ou plutôt, je la lisais, mais en dernier

- *La méthode OIA*

Observation, Interprétation, Application. La méthode consiste à examiner le texte, comprendre le sens et appliquer les enseignements à notre vie.

- *La méthode COCA*

Contexte, Observer, Comprendre, Appliquer. Il s'agit de comprendre le contexte du passage, noter les détails importants, chercher le message de Dieu dans le texte et réfléchir à comment ce message s'applique à votre vie.

- *La série de questions*

Dans cette méthode, on se pose différentes questions sur le genre littéraire, le contexte historique et culturel, le message principal, l'auteur, ce que le passage nous révèle sur Dieu, l'humanité, quels liens avec le reste de la Bible, les applications possibles dans ma vie aujourd'hui.

Il y a encore de nombreuses méthodes, notamment utilisées par les étudiants en théologie et les enseignants qui doivent expliquer un texte. Attention toutefois à ne pas se retrouver dans une étude de texte simplement littéraire. Comme je l'ai partagé au début de ce livre[55], il y a un ingrédient (pas secret) qui fait la différence entre la théorie et la pratique : le Saint-Esprit ! Alors, lors de nos lectures,

---

[55] Chapitre 1.

n'oublions pas que nous sommes face à une lettre ouverte de Dieu à nos cœurs, et non juste un texte à décortiquer afin d'en tirer une pensée philosophique quelconque.

Quelques outils

Lors de cette phase d'exploration, j'ai beaucoup apprécié utiliser des outils pour étudier la Bible en profondeur. En voici quelques-uns :

- *La concordance*

  C'est un outil qui liste chaque mot de la Bible et où il apparaît. Il aide à étudier les thèmes et les mots dans différents passages de la Bible.

- *Les commentaires bibliques*

  Ce sont des livres qui analysent et interprètent les textes de la Bible. Ils donnent une analyse verset par verset, fournissent des interprétations théologiques et expliquent le contexte historique et culturel.

- *L'encyclopédie ou dictionnaire biblique*

  C'est un outil qui fournit des informations détaillées sur divers aspects de la Bible : les définitions de mots, les thèmes, les personnages, les lieux et les interprétations de passages spécifiques.

Partager : oui, mais...

Si vous êtes amenés à partager autour de la Bible, j'aimerais aussi vous avertir d'un danger. C'est magnifique de partager avec les autres comment un passage a fait écho dans nos cœurs. Néanmoins, il peut arriver qu'au fil de nos lectures, nous nous retrouvions à étudier la Bible uniquement à des vues de "prêcher" : on perd le message personnel que Dieu a pour nous, et on cherche constamment ce que Dieu a pour les autres. Qu'est-ce que je vais dire à la prochaine étude biblique ? Quel sera le thème de mon prochain podcast ? Tout cela n'est pas mauvais … mais il ne faut pas négliger de se nourrir soi-même !

Hors de ma bulle

Avez-vous déjà entendu parler de "bulle de filtre" ? C'est ce qu'il se passe quand nous sommes sur Internet, que nous faisons des recherches ou que nous utilisons des applications, et que seuls les contenus que nous approuvons déjà nous sont proposés. En effet, la majorité des plateformes utilisent des algorithmes pour déterminer ce qu'on aime en fonction de l'historique de nos interactions.

Eh bien, dans notre temps de méditation, nous pouvons aussi parfois nous retrouver dans notre bulle de filtre. Parce que nous lisons constamment les mêmes passages de la Bible. Parce que nous écoutons toujours les mêmes émissions. Parce que nous lisons toujours les mêmes auteurs. Personnellement, j'ai mis du temps pour me rendre compte que j'étais dans une bulle.

D'abord, parce que je suis quelqu'un de passionnée. Et être passionnée par la Bible, il n'y a pas de quoi nous jeter la pierre ? Le problème, c'est que la passion nous fait parfois avancer avec des œillères, et si nous n'avons pas ce réveil, ce déclic de prendre du recul, on se retrouve à nouveau dans la situation du "j'ai tout compris"[56]. C'est comme un enfant qui choisit lui-même ce dont il a besoin[57]. Il croit qu'il a déjà ce qui lui convient de mieux, pourtant il est loin d'imaginer toutes les possibilités qui s'offrent à lui.

C'est pourquoi, aujourd'hui, pour méditer, je suis 2 axes.

- *Des méditations "intentionnelles"*
  Libres et spontanées, c'est-à-dire des lectures qui correspondent à ma saison de vie, des thèmes ou passages que j'ai besoin d'approfondir pour diverses raisons.

- *Des méditations "imposées"[58]*
  C'est-à-dire méditer sur des sujets que je n'ai pas forcément choisis. C'est ce qui se passe quand je lis des plans de lecture quotidiens ou le "verset du jour" ou même simplement quand j'écoute la prédication du dimanche ! J'aime particulièrement

---

[56] Ou tête dans le guidon, si vous préférez.
[57] ... Et parfois, un enfant croit qu'il n'a besoin que de bonbons !
[58] même si ce n'est pas le mot le plus approprié

me discipliner à lire la Bible en entier plusieurs fois par an[59] : au moins je refais le tour de tous les livres, y compris ceux qui me semblent les plus mystérieux ou les moins passionnants ! Il y aura toujours des passages ou des thèmes qui nous intéressent moins ou pour lesquels on pense déjà avoir tout compris. Mais je crois qu'on doit apprendre à accueillir chaque message avec humilité, et croire que Dieu veut encore nous parler d'une certaine manière à propos de ces sujets-là.

Et après ?

Voilà. Vous savez maintenant comment je fais pour plonger littéralement dans la Parole. Encore une fois, c'est un témoignage et non la méthode miracle de l'année à suivre pour se connecter à Dieu ! Mais la question que vous vous posez peut-être maintenant c'est : quand est-ce que je trouve le temps de me poser pour méditer sur toutes ces choses ? Et c'est ce que j'aborde dans le prochain chapitre !

---

[59] Ne me regardez pas avec de gros yeux ! C'est tout à fait possible pour vous aussi ! Après, je suis passionnée, donc c'est peut-être une évidence pour moi. Si vous avez du mal, vous pouvez par exemple essayer la Bible Audio, ça va tout seul !

5 - Connexion haut débit

Temps de qualité

Vous l'aurez compris, dans ma belle jeunesse, je passais beaucoup de temps de qualité à étudier la Bible et à m'émerveiller de toutes les nouvelles choses que je découvrais sur mon Dieu. Je peux comprendre la difficulté que certains peuvent avoir aujourd'hui pour se dégager quelques minutes... Mais lorsqu'on est seul, pas de couple, pas d'enfants, sachez qu'on peut vraiment choisir ce que l'on fait de son temps ! Même si tu travailles du matin au soir. Même si tes week-end sont chargés comme des bourriques[60]. Ce n'est pas tant une question de quantité de temps, mais plutôt une question de priorités.

Je sais que c'est difficile à entendre. Je sais qu'on a chacun des obligations. Mais un conseil : alors que ton temps ne dépend encore (presque) que de toi, c'est maintenant qu'il faut commencer à être conscient de tes priorités. Quand j'étais au collège, j'avais envie de lire davantage la Bible. Manque de bol, mon emploi du temps de ministre me semblait déjà tellement chargé[61] ! Mais j'ai décidé d'en faire une priorité et de trouver des créneaux, et pas n'importe quel créneau : le 1er créneau. Je lisais ma Bible avant de faire quoique ce soit dans la

---

[60] Entre parenthèses, si c'est ton cas, pense quand même au repos du shabbat...

[61] Entre 26 et 29 heures d'enseignement hebdomadaire sans compter le repas, le trajet, les devoirs et tout ça, tout ça : oui, cela paraissait déjà beaucoup pour l'ado que j'étais !

journée le matin. Et le soir, quand j'avais un peu plus de temps, je lisais ma Bible avant même de faire mes devoirs. D'accord, je n'y passais pas des heures. Mais ce peu de temps déjà passé dans la présence de Dieu, je crois vraiment que c'était la graine de moutarde qui plus tard a poussé[62]. Je pensais vraiment qu'en prenant ce temps avec Dieu, Il trouverait bien un moyen de me donner du temps pour faire le reste de mes activités. Un peu comme quand tu apprends à donner 1 franc[63] de ton argent quand tu reçois 10 francs d'argent de poche … C'est rien 1 franc … Mais c'est pourtant quelque chose ! Je prenais donc ces quelques minutes, matin et soir, parce que je pensais vraiment que c'était important. En plus, je ne voyais pas ça comme une contrainte, mais vraiment comme un plaisir.

Plus tard, lorsque j'étais une jeune femme active, j'ai appris à me lever tôt (très tôt) afin de faire du bien à mon corps, mon âme et mon esprit. Le Miracle Morning[64] n'existait pas encore à l'époque. Mais comme toujours, cela me paraissait évident de commencer ma journée par les choses qui étaient importantes pour moi. Et quand bien même mes conditions de travail se durcissaient[65], j'avais toujours une solution pour profiter d'une petite bulle avec mon Seigneur : lire dans le train, écouter des messages dans les transports, … Mieux qu'un sas de décompression : la présence du Seigneur !

---

[62] Marc 4:30-32
[63] Pour les plus jeunes, le franc (F), c'est la devise qu'il y avait avant l'euro (€).
[64] Miracle Morning - Hal Elrod
[65] Car travailler à 65 km de chez soi et se farcir matin et soir 2h de transports en commun, c'est quand même un peu fatiguant !

En vrai, j'étais vraiment quelqu'un de très discipliné et j'aimais plutôt ça. Après tout, ne sommes-nous pas DISCIPLES de Jésus ? Mais il y a des avantages et inconvénients dans la discipline ! Être discipliné, c'est savoir se poser des règles et les respecter, cela nous aide à progresser de manière stable et constante, à l'instar d'un tuteur qui guide la croissance des jeunes plantes. Mais se poser des règles, c'est aussi se forger un système que l'on a parfois du mal à remettre en question, c'est le risque de tomber dans un légalisme dans lequel on devient insensible à l'Esprit. Et pourtant : là où est l'Esprit du Seigneur, là est la liberté[66].

Je vous disais bien qu'on marche sur un fil[67] ! Mais inutile de se torturer la tête avec cette histoire de discipline : me concernant, la question a vite été éludée. Un jour, nous avons eu des enfants ! Ha, ha, ha, je ne dirai pas que c'est le tournant de la vie, mais c'est un bouleversement assez important pour perturber cette routine bien huilée de "mon temps avec Dieu". Pour certains, être en couple est déjà un grand tournant, car il faut synchroniser 2 emplois du temps qui ne sont pas toujours conciliables ! Alors, avoir des enfants ...

Vraiment, mais vraiment pas le temps

Si vous êtes de jeunes parents et que vous écoutez les conseils d'une jeune femme citadine célibataire pour s'organiser, vous avez

---

[66] 2 Corinthiens 3:17
[67] fin du chapitre 3

peut-être la boule au ventre de vous dire "Mais comment elle fait ... ?". Eh bien, que votre boule au ventre se transforme en sourire, au nom de Jésus ! Sérieusement, facile à dire de gérer son temps en fonction de ses priorités ... mais quand tu arrives à un point où tu dois choisir entre aller aux toilettes, dormir ou te laver ... tu comprends qu'on ne parle plus de gérer sa priorité entre regarder un film ou lire la Bible ! La routine "Bible, dico, carnet, crayons de couleur"[68] pour prendre du temps avec mon Seigneur, euh ... c'est un peu utopique !

J'avoue que l'arrivée de nos enfants a chamboulé toute mon organisation. J'avais beau avoir lu tous les manuels sur l'éducation des bébés et préparé soigneusement l'arrivée de notre 1er enfant[69] ... à la naissance, en réalité, il ne m'était plus possible de planifier quoique ce soit ! Apparemment, au bout d'un moment, certains bébés sont "bien réglés" et on trouve "un rythme". Bon. Ce n'était pas notre cas. Alors comment continuer de se connecter à Dieu avec tant de paramètres que l'on ne maîtrise plus ?

Je remercie le Seigneur, car cette période m'a permis de vivre notre relation autrement. Cela m'a appris à lâcher prise, et cerner un peu mieux ce que signifiait vraiment "donner sa vie". Est-ce qu'avant cela, j'étais tombée dans une routine religieuse qui apaisait ma conscience ? Je ne sais pas. En tout cas, j'ai compris qu'il me serait désormais très difficile de disposer de plus de 10 ou 15 minutes à moi (à nous). Et maintenant, en exclusivité, pour ceux qui ne sont pas encore

---

[68] Le Bible Journaling, c'est encore un peu à la mode à l'heure où je vous écris
[69] Vous commencez à cerner le personnage, non ?

abonnés à ma newsletter *Bible En Famille*[70], voici quelques astuces qui m'ont sauvée.

Prier en marchant

Vous le savez maintenant, je suis adepte des temps calmes, tranquilou toute seule sans être dérangée: le vrai "lieu secret" où tu es tranquille dans ta chambre, porte fermée[71]. Avoir des enfants m'a challengé à raccourcir mes prières, et également à les exprimer à des moments où je ne l'aurais pas forcément fait si je n'y avais pas été contrainte. J'ai réappris à faire des prières "flash". Bien sûr, j'en faisais déjà avant[72]. Mais là, ce sont mes prières à rallonge que j'ai dû raccourcir. Celles qui ressemblaient à une discussion tranquilou autour d'un chocolat chaud, le doux dialogue où on prend le temps de s'écouter et où on tisse simplement ... une relation. Et là, pouf, plus le temps ! Je profitais alors de chaque instant, en particulier durant mes longues marches à attendre que bébé s'endorme enfin[73] ... Vraiment, ce n'était pas évident. Mais avec le recul, je comprends que j'ai beaucoup appris de cette saison-là.

---

[70] J'ai effectivement déjà abordé ce sujet dans un de mes e-mails pour les parents. Si vous souhaitez vous abonner à ma newsletter pour les parents chrétiens : bibleenfamille.com/contact

[71] Matthieu 6:6

[72] Vous savez : "Seigneur, une place de parking, s'il te plaît" ou encore "Seigneur, aide-moi à bien mener cette réunion" ou encore "Au secouuuurs !" ... celle-là, je suis sûre que vous l'avez déjà faite ...

[73] Il fallait le poser et le laisser s'endormir, paraît-il ... Merci de toute votre attention, mais cela ne fonctionnait pas pour mon premier bébé.

Ecouter la Bible en audio

Là encore, la révolution. Avec bébé, s'asseoir, c'était quasi mission impossible[74] ! Bien sûr, j'avais quelques occasions, mais j'en profitais plutôt pour recharger mon capital sommeil qui frôlait alors le niveau zéro. Écouter la Bible en audio, c'est une de mes meilleures découvertes dans ma relation avec Dieu. Bien sûr, j'aurai pu écouter des prédications, ou même de la louange. Mais j'étais dans ma phase "lait pur de la Parole"[75], alors j'écoutais simplement la Bible. Et là, tu te rends compte que même si ça fait des années que tu étudies la Bible comme un "brave disciple de Jésus", tu es passé complètement à côté de certains passages. C'est ce dont je vous parlais par rapport à la bulle de filtre[76]. Parce que oui, j'ai tendance à lire et relire mes passages préférés. Et oui, j'ai tendance à sauter certaines généalogies à rallonge. Mais quand tu écoutes la Bible, tu es un peu contraint d'écouter ce qui entre dans tes oreilles... Alors, quand Jésus disait : "Que celui qui a des oreilles pour entendre entende !"[77], ce n'était sûrement pas pour rien, ha ha !

Pour écouter la Bible, j'ai utilisé plusieurs outils.

---

[74] Heureusement qu'il a vite marché ! Il fallait quand même le suivre un peu, mais au moins, il ne fallait plus le porter, debout !

[75] 1 Pierre 2:2

[76] Chapitre 4 - Hors de ma bulle

[77] Matthieu 11:15, Matthieu 13:92, Marc 4:23

- *La Bible en mp3*

  Ce sont des fichiers mp3 de chaque chapitre de la Bible que j'ai stockés sur un lecteur indépendant de mon smartphone : il ne dépend donc pas de la connexion. Pratique également pour lire en boucle certains livres ou chapitres de la Bible et les méditer plus en profondeur.

- *L'application de YouVersion*

  Elle permet d'écouter les textes lus. Aujourd'hui, je l'utilise beaucoup pour lire la Bible en intégralité à l'aide d'un plan de lecture annuel : je lance simplement les lectures du jour en audio et ... ça roule !

Prendre des notes sur mon téléphone portable

Une chose qui m'a vraiment manqué durant cette période, c'est la possibilité d'écrire. Pour certains, cela ne changera peut-être pas du quotidien, mais pour moi, j'ai dû m'adapter à l'outil que je pouvais avoir sous la main à chaque instant ... mon smartphone ! J'ai donc beaucoup écrit. Textoté à Jésus aussi. Noté quelques pensées flash. Ou quelques passages bibliques. D'ailleurs, j'ai gardé cette habitude encore aujourd'hui, sachant que j'ai une application qui me rappelle également mes notes d'il y a 6 mois, 1 an, 5 ans etc ... Excellent pour se rappeler comment était la vie ... avant ! Prendre des notes, c'est important pour moi ! ... D'ailleurs, j'en parle juste après !

6 - Ecris la vision

J'aime énormément écrire. Griffonner. Manipuler papier, ciseaux, colle et feutre pour remplir mes petits carnets. J'aime aussi taper des longs textes sur mon ordinateur ou écrire quelques mots à la volée sur mon smartphone. Alors, pour moi, c'est un plaisir de noter tout ce que je peux noter. Mais pour certains, écrire relève du défi de l'année ! Dans ce chapitre, je vous partage comment prendre des notes m'a fait grandir dans la foi, dans ma relation avec Dieu et dans la façon dont je vois ma vie.

Parce que notre cerveau est oublieux, et que nous vivons des milliers de choses à cent à l'heure, écrire[78] nous permet de nous souvenir. Quand je regarde les photos de mes enfants, je me rends compte à quel point ils ont grandi (si vite, comme on dit …). Bien que je les vois tous les jours, la différence flagrante visible sur les anciennes photos me fait réaliser leur évolution. C'est la même chose avec mes prières et mes réflexions. Lorsque je relis ce que j'ai écrit, je vois mes besoins d'avant, je vois comment Dieu y a répondu, parfois comme je m'y attendais, mais souvent de façon très étonnante ! Je tombe sur mes notes anciennes, et je me rends compte certains traits de caractères que Dieu a travaillés en moi. Je vois également mes blocages, et les sujets récurrents auxquels je ne ferais pas attention si je ne les avais pas notés. Puis je souris quand je tombe sur une

---

[78] ou noter de quelques façons que ce soit, comme nous le verrons dans ce chapitre

prière, en me rendant compte que Dieu, depuis le temps, a agi et que je ne m'en étais même pas rendu compte ! Regarder vers l'arrière m'incite aussi à affiner ma vision de ce qu'il y aura vers l'avant. Comme quand on regarde une trajectoire et qu'on peut deviner la cible finale.

J'utilise différents supports pour prendre des notes. J'espère ne pas vous faire peur en vous en faisant la liste ! Souvenez-vous simplement que ce sont mes outils personnels, qui me correspondent. Il n'est pas nécessaire de multiplier les carnets si vous n'aimez pas écrire. C'est un peu comme en cuisine, certains se satisferont d'une poêle et d'une casserole, alors que d'autres auront besoin d'un wok, d'un faitout, d'une marmite et d'un cuit-vapeur pour obtenir la cuisson parfaite des plats qu'ils préparent. Pour ma part, j'aime prendre des notes, et ceci, de plusieurs façons … et même, pourrait-on dire, en "plusieurs dimensions" :
- sur papier et numériquement
- de manière thématique, chronologique ou par livre
- au fil de mes journées (datées, journaling) ou sur des supports dédiés (de type référentiel)
- pour m'instruire, méditer, prier ou simplement exprimer ma créativité

Je sais que je me répète, mais la façon dont je prends des notes et j'étudie la Bible m'est complètement personnelle. Chacun a sa façon de réfléchir, et même d'appréhender les choses … Peut-être anodin pour vous, mais c'est une nouvelle occasion pour moi de préciser que la méthode de l'un ne se calquera pas forcément à la vôtre ! Non pas parce qu'il est meilleur ou pire, mais parce qu'il est différent. Voilà.

Lis ta Bible ...

Et rebelotte, je vais encore vous parler de la Bible[79]. Car, effectivement, l'outil n°1 que j'utilise, vous vous en doutez, c'est ma Bible. Ou devrais-je dire MES Bibles. Tous les chrétiens ont une Bible[80], mais tous les chrétiens ne lisent pas la Bible. Dans une société où tout va rapidement, où l'information abonde, où l'on a l'habitude de survoler un texte pour en extraire l'essentiel du message ... non, nous n'avons plus l'habitude de lire. C'est comme ça que l'on se retrouve à avoir acheté en un clic un produit sur Internet pour se rendre compte que ce n'était pas ce que l'on pensait. Et ce n'est pas une histoire de petites lignes.

Pour lire la Bible, il faudrait renouer avec ce temps de qualité, savoir savourer, comme quand on relit les lettres d'amour de son mari. Méditer, dans la Bible, peut être interprété comme "ruminer". Quelque chose que l'on garde constamment dans notre bouche, pour le tourner, le retourner, en extraire toute sa saveur[81]. On est loin de la

---

[79] Voir Chapitre 1

[80] Dans certains pays, la Bible est malheureusement interdite, illégale ou sévèrement restreinte ... mais si vous avez ce livre entre vos mains, j'ose espérer que vous avez aussi une Bible !

[81] Je sais, ce n'est pas très glamour comme image.

lecture en diagonale de la pensée du jour, qu'on oublie quelques heures[82] plus tard.

J'utilise plusieurs Bibles en version papier :
- *Une Bible de poche*
  Petite et facile à emporter dans un sac de tous les jours
- *Une Bible "vierge"*
  C'est-à-dire, qui n'est pas annotée : elle me sert pour lire et ne pas être influencée par mes précédentes méditations
- *Une Bible à annoter*
  Dessus, j'écris, je griffonne, je surligne, je mets de post-it, sans forcément me soucier de la forme
- *Une Bible à grandes marges*
  Elle me permet de prendre des notes de manière un peu plus "soignée" (style Bible Journaling).

J'ai remarqué que lorsqu'on parle d'annoter notre Bible, on parle souvent de la dernière catégorie[83]. Certes les grandes marges sont très pratiques, mais en réalité, pour ma part, elle me permet davantage d'exprimer ma créativité que de méditer en profondeur sur un passage biblique. Je pourrais utiliser ma Bible à grandes marges pour faire mes annotations "griffonnages", mais le format est tel qu'il m'incite à en prendre soin, un peu comme un livre objet ... En tout cas, en toute honnêteté, ce n'est pas du tout la Bible que j'utilise le plus souvent.

---

[82] Ou quelques minutes...
[83] La Bible à grandes marges

Concernant la Bible numérique, j'ai toujours utilisé l'application *YouVersion*. Elle me permet d'annoter (textuellement) certains passages, ainsi que de les surligner. J'utilise un code couleur pour surligner. Pas du tout par rapport à la thématique, comme cela se voit beaucoup, mais par rapport à ce que je fais du passage :

- en jaune, quand un verset m'a interpelé d'une façon particulière pendant ma lecture ou lorsque j'y ai soudainement pensé face à une situation
- en bleu, quand j'ai écrit une note sur le passage

J'utilise aussi les différentes versions disponibles :

- Une seule version me sert pour toutes mes annotations, quitte à copier dans la note la version du verset qui m'a le plus touchée.
- J'essaie de garder les autres versions non annotées, pour les mêmes raisons que pour la Bible papier[84]

L'écoute audio est également topissime lorsqu'elle est disponible.

J'aime l'outil "Comparer" qui permet d'afficher un verset ou un passage en plusieurs versions et langues, d'un seul coup. C'est là qu'on se rend compte que le verset ne veut pas forcément dire ce que l'on pensait (et que la traduction a également une grande part d'interprétation).

---

[84] C'est-à-dire, ne pas être influencée par mes sentiers battus et ne cesser de redécouvrir la Parole vivante derrière le texte qu'on a déjà trop relu !

Les plans de lecture sont aussi intéressants, avec même la possibilité de suivre un programme à plusieurs et de s'encourager les uns les autres.

Concernant les autres fonctionnalités (communauté, prières, etc …), je trouve que ce sont de bonnes idées mais en réalité, je ne les exploite que très peu car j'utilise d'autres outils pour cela.

Le seul bémol de *YouVersion*, selon moi, c'est la difficulté de retrouver des notes par date ou de naviguer de manière fluide loin dans mon historique … certainement à cause de la quantité d'informations que j'y ai déjà intégrées[85]. Dommage aussi qu'on ne puisse pas ajouter des fichiers ou des images sur nos notes, mais l'application commencerait probablement à être beaucoup trop lourde d'utilisation.

Des carnets à part

L'Eternel m'a répondu et a dit:
Mets la vision par écrit,
grave-la sur des tables afin qu'on la lise couramment.
Habakuk 2:2

---

[85] Plusieurs années de notes.

Pour la Team Papier

Pour méditer, j'utilise également plusieurs carnets.

- *Un grand carnet d'expression*

  Il s'agit d'un carnet avec de grandes pages blanches et les références de passages bibliques dans l'ordre chronologique[86]. Il me sert lorsque j'écoute la Bible en audio et me permet de griffonner, dessiner ou écrire librement sur un grand espace de notes.

- *Un carnet de prières[87]*

  J'avais commencé à remplir, mais finalement j'ai laissé un peu de côté.

- *Mon journal de bord[88]*

  Pour noter mes réflexions au fil des jours. Il n'est pas réservé à mes méditations, c'est vraiment un carnet dans lequel je prends mes notes au quotidien.

A l'origine, j'avais pensé à un carnet "spécial" pour mes méditations. Effectivement, il m'aurait permis de rester concentrée sur mes sujets

---

[86] *La Bible en 365 jours – Bible En Famille* disponible sur Amazon. Attention, il existe 2 formats : personnellement, j'utilise le grand format qui m'offre plus d'espace d'expression.

[87] De nombreux carnets sont disponibles sur : https://campus.bibleenfamille.com/ rubrique Papeterie

[88] J'ai notamment utilisé les gros journaux de bord de 300 pages à pointillés *Les yeux fixés sur Jésus - Bible En Famille* et *Telle que je suis - Colore mes jours*. Mais attention de ne pas avoir les yeux plus gros que le ventre : assurez-vous que le poids des mots vaut le poids du carnet !

de réflexion etc ... Mais le fait est que mes méditations se traduisent très fréquemment en actions concrètes dans mon quotidien et que je bascule très facilement dans le côté pratico-pratique. Dans l'autre sens également, je peux être en train de travailler sur un sujet qui tout à coup me pousse à méditer la Parole. C'est pourquoi, j'ai choisi de ne conserver qu'un seul journal de bord, même s'il est parfois difficile par ailleurs de retrouver mes notes ! Mais bon, prenons-le comme une chasse aux trésors[89] ! Je réserve la recherche optimisée à mes notes numériques !

Pour la Team Numérique

J'ai beau avoir des milliers de carnets, je reste quand même une IT-girl, et je trouve qu'à l'ère du numérique, les outils digitaux rendent nos souvenirs beaucoup plus accessibles. Hormis ma Bible *YouVersion*, j'utilise plusieurs applications :

- *Une application de journaling*
  Selon moi, le gros avantage du numérique est de pouvoir noter n'importe où, n'importe quand mais aussi de faciliter les recherches. Dans *Journal it*, l'application que j'utilise, j'aime particulièrement la fonctionnalité "Flashback" qui me rappelle des notes d'il y a 6 mois, 1 ans, 5 ans, ... Et c'est parfois très surprenant de relire ce que j'avais pu écrire dans le passé !

---

[89] Matthieu 13:44

- *Mon système d'information*

  Déformation professionnelle d'une ancienne consultante en SI ! J'utilise une application, *Notion*, sur laquelle je stocke l'ensemble des informations qui me sont utiles. Dans le cas de mes méditations, j'y intègre quelques notes thématiques et sujets de réflexions.

- *Une application de stockage de photos*

  Et non, on n'est pas obligé d'aimer écrire pour tenir un journal. Je suis du genre à prendre des photos de tout, tout le temps, toutes les occasions sont bonnes. Je trouve que c'est aussi un excellent moyen de se souvenir. Revenir sur une photo passée peut nous inciter à manifester notre reconnaissance envers Dieu pour sa main qui agit dans nos vies. De la même manière que le contenu de l'arche de l'alliance[90] servaient de rappels tangibles de l'histoire, de la foi et de l'identité des Israélites[91].

- *Mes playlists musicales[92]*

  Parfois, notre vie ressemble à une comédie musicale ! Vous entendez un chant, et il vous rappelle une saison de votre vie. Une excellente occasion également d'élever des chants de reconnaissance à notre Dieu. Sur *Spotify*, j'écoute souvent mes playlists "En boucle" et "En boucle (flashback)", qui, comme

---

[90] Les tables de la lois, le bâton d'Aaron et la manne
[91] Nombres 17:8, Exode 16:32-35
[92] Ephésiens 5:19

leurs noms l'indiquent si bien, regroupent la liste des chants que j'ai écoutés très régulièrement.

- *Une application de mémorisation des versets bibliques RememberMe.* Très très bien faite. Il faudrait vraiment que je l'utilise davantage pour mémoriser la Parole de Dieu[93].

Entre dans ta chambre[94] ...

Vous l'aurez compris, il y a de nombreuses façons de prendre des notes, pour ne pas oublier. D'ailleurs, vous le faites peut-être déjà bien malgré vous ! Y-a-t-il des outils que vous utilisez déjà assez régulièrement pour que vous puissiez y retracer votre histoire ... ?

Il n'est pas impossible que vous pensiez aux réseaux sociaux. Partager, c'est cool. Je trouve pourtant que le message que l'on transmet sur les réseaux sociaux est parfois biaisé par notre prise en compte du regard des autres. Biaisé, pas seulement par envie de paraître plus beaux ou d'afficher une vie instagrammable. Mais aussi biaisée parce que communiquer implique nécessairement une adaptation et une écoute de l'autre qui nous incite à adapter le message[95]. On y perd donc peut-être un peu cet aspect introspectif d'être vrai avec soi-même.

---

[93] Deutéronome 6:5-9
[94] Matthieu 6:5-6
[95] Le fameux "areuh" qu'on dit à un bébé. Voir chapitre 1.

Autant j'étais dans l'opposé, à garder mes carnets et réflexions pour moi-même, sans les partager jusqu'à la création de mes différents sites et autres médias de communication[96]. Autant je pense que certains devraient se redécouvrir et essayer de se regarder en faisant abstraction de ce que les autres pourraient penser. Encore une fois, tout est question de marcher sur un fil[97], sur le chemin étroit.

---

[96] Découvrir mes différents sites sur ellanandria.com
[97] Fin du chapitre 3

7 - Le lieu secret ... et après ?

La Bible In Real Life

On a parfois tendance à séparer notre "vie spirituelle" de notre vie "réelle", alors qu'elles ne font qu'un. Dans les précédents chapitres, j'ai beaucoup parlé de ce temps particulier, mis à part, dans le lieu secret, pour méditer sur les voies de Dieu. Mais notre relation personnelle avec notre Seigneur ne s'arrête pas lorsqu'on a rouvert la porte de notre chambre et qu'on part vaquer à nos occupations quotidiennes ! Le grand enjeu, selon moi, est de distinguer la voix de Dieu au milieu du brouhaha de la vie courante. Un peu comme entendre la voix de son bébé qui crie dans la chambre d'à côté alors qu'on est en pleine discussion animée entre amis dans le salon : personne d'autre ne l'entend, mais comme toi, tu es sensible et attentif à sa voix, tu arrives à distinguer ce son particulier que tu as eu l'habitude d'écouter dans tes moments seul à seul avec ton bébé.

Certains chrétiens pensent que Dieu ne parle plus distinctement aujourd'hui, qu'Il s'est contenté de nous laisser la Bible et qu'à partir de cela, nous devons, en quelque sorte, deviner comment on devrait se comporter dans notre quotidien. Je suis complètement d'accord qu'il n'y a rien à ajouter à la Bible et que sa Parole est la Vérité. Toute Ecriture est inspirée de Dieu, et utile pour enseigner, pour convaincre, pour corriger, pour instruire dans la justice, afin que l'homme de Dieu soit accompli et propre à toute bonne oeuvre[98].

La Bible se suffit … et pourtant, on y "ajoute" forcément quelque chose. Dans la traduction que l'on en fait, de la langue originale de la Bible à notre patois local, il y a déjà interprétation. D'ailleurs, en parlant de traducteur, le Saint-Esprit qui vit en nous, Lui-même aussi nous inspire à propos de ce que nous lisons. Car en effet, la lettre tue, mais l'esprit vivifie[99]. Et je ne dis pas cela pour laisser la place à n'importe quelle interprétation farfelue de la Bible. Je ne dis pas cela non plus pour alimenter le moulin de ceux qui prennent les Ecritures pour justifier leurs propres arguments. Si tu prends un temps, seul, sans chercher à coller tes pensées personnelles sur la Parole de Dieu, si tu ouvres ta Bible dans la crainte de l'Eternel, avec un coeur sage et vrai, ouvert à ce que Dieu veut te dire, je crois vraiment que Dieu te parlera personnellement, et que tu liras bien plus qu'une "lettre morte".

Comment se fait-il que certains chrétiens lisent des centaines de fois, si ce n'est beaucoup plus, les mêmes passages ? Il y a franchement de quoi s'en lasser, non ? J'adore lire la Bible, car elle me parle dans les différentes circonstances de ma vie. Une fois passée l'interprétation que nous pouvons en faire à première lecture, certains passages nous parlent et nous reparlent.

---

[98] 2 Timothée 3:16
[99] 2 Corinthiens 3:6

L'histoire du fils prodigue par exemple[100]. Merci Seigneur de nous accueillir les bras ouverts malgré notre mépris de ton Amour et toutes les erreurs que nous avons pu faire sur notre parcours. Une merveilleuse leçon de repentance et de la grâce infinie de notre Dieu. Et pourtant, si je relis cette parabole plus tard dans ma vie chrétienne, je me retrouve à la place du fils aîné : pourquoi on se réjouit alors que mon frère est indigne de cette fête … après tout ce qu'il a fait !? Et moi, qui suis toujours là, je compte pour du beurre ? Je fais des efforts pour rester fidèle et obéissant, et tout le monde s'en fiche ? Une autre leçon sur la façon dont je regarde mes frères et sœurs, que Dieu a pourtant lui-même accueilli les bras ouverts. Et ce n'est qu'un exemple parmi tant d'autres !

Alors oui, je crois que la Bible est une Parole Vivante et que Dieu nous parle encore aujourd'hui au travers de son Saint-Esprit. Je crois que la Parole de Dieu est percutante, tranchante, efficace, et utile pour enseigner, pour convaincre, pour corriger, pour instruire dans la justice[101].

Et en dehors de la Bible ?

Attention terrain glissant. Je vais partager dans ce paragraphe comment Dieu me parle dans ma vie quotidienne. Jusqu'à présent, je vous ai partagé des méthodes très "académiques" d'approche de la

---

[100] Luc 15:11-32
[101] 2 Timothée 3:16-17

Bible. Mais comme vous vous en doutez, je ne passe pas 24h/24 à lire la Bible ! Je vous témoigne donc ici de la façon dont Dieu me parle en dehors de mes temps à part avec Lui.

Comme je l'ai dit précédemment, aujourd'hui, certains doutent du fait que Dieu nous parle encore personnellement aujourd'hui, au travers de son Saint-Esprit. Je comprends qu'il y ait toujours une réticence au surnaturel et que notre nature humaine, souvent cartésienne, ait besoin de tout expliquer de A à Z. Mais voilà, parfois, il n'y a pas d'explication. Je le partage parce que je le vis. Donc, plusieurs pourront émettre leur opposition par rapport à ces témoignages et essayer de le démontrer par A+B, ce sera quelque chose que je ne peux pas personnellement nier. Comme quand un célibataire essaie de te convaincre, factuellement, que c'est mieux d'être seul, mais que toi, tu as trouvé l'amour et que tu préfères 1000 fois vivre en couple, même avec le lot d'"inconvénients" que cela pourrait amener !

Alors je prie que ce paragraphe ne soit pas pour vous un sujet de chute.

N'éteignez pas l'Esprit.
Ne méprisez pas les prophéties.
Mais examinez toutes choses; retenez ce qui est bon.
1 Thessaloniciens 5:19-21

Un pré-requis ?

Si je n'aborde ce chapitre que maintenant, c'est parce que je crois qu'il est dans la continuité du cheminement que Dieu m'a fait prendre. Non pas que je sois particulièrement bonne élève ou que je mérite mieux que d'autres que Dieu me parle. Mais, dans mon cas, je crois que cette sensibilité à la voix de Dieu existe parce qu'une relation étroite a été tissée au préalable. Cela n'empêchera pas Dieu de parler à de parfaits ignorants : Il l'a fait, et Il le fera encore. Mais c'est la façon dont Il m'a parlé, à moi, personnellement : apprendre à connaître Dieu, "le Vrai", au travers de sa Parole afin de mieux le discerner dans mon quotidien.

Ainsi, nous ne serons plus de petits enfants,
ballottés et emportés par tout vent de doctrine,
par la ruse des hommes
et leur habileté dans les manœuvres d'égarement.
Ephésiens 4:14

Quand je n'avais pas assez d'argent, je n'ai pas entendu une voix distincte qui me disait d'aller à droite, d'ouvrir une porte et de récupérer une liasse de billets cachée dans le creux d'un mur. Je n'ai pas non plus vu ma vie défiler suite à un événement traumatisant dans ma jeunesse. Et je n'ai pas non plus été éblouie par une lumière dans ma chambre au point de tomber en extase. En vrai, je vis une vie chrétienne assez "banale" : pas vraiment de quoi en faire un livre, après tout. Mais c'est justement pour cela que j'écris ce livre. Parce qu'aujourd'hui, lorsqu'on parle d'un Dieu qui se révèle, on ne parle bien souvent que de ces événements grandioses, où les gens tombent par terre et où on ne peut pas s'arrêter de rire ou de pleurer ! Oui, Dieu se manifeste encore comme cela aujourd'hui, mais ce n'est pas parce que vous n'entendez parler que de cela que c'est "la norme"[102].

Vraiment, je crois que Dieu te parle déjà. Seulement, tu ne sais peut-être pas que c'est Lui. Car Dieu parle cependant, tantôt d'une manière, tantôt d'une autre, et l'on n'y prend point garde[103].

La méditation, selon la Bible

C'est dans la tranquillité et le repos que sera votre salut,
C'est dans le calme et la confiance que sera votre force.
Esaïe 30:15

La méditation selon le monde, c'est faire le vide et se mettre à l'écoute de soi-même. Je crois que c'est une déformation de ce que Dieu a voulu pour ses enfants. Méditer, au sens chrétien, c'est laisser ses propres pensées et ses réflexions faites de logique humaine, pour accepter d'être touché par la Parole de Dieu. Ce n'est pas faire le vide, mais c'est faire le plein de ce que le Saint-Esprit veut nous

---

[102] Ce phénomène de croire que ce que l'on voit le plus souvent est la norme s'est d'ailleurs amplifié avec les réseaux sociaux. C'est comme ça que le nombre de vues ou de like donne plus de crédibilité à un contenu !
[103] Job 33:14

communiquer. Devenir volontairement vulnérable à ce que Dieu veut me dire.

En réalité, l'être humain a souvent peur du vide. Cela est d'autant plus prononcé à notre époque où le flux d'informations est incessant. Ne rien avoir à se mettre sous les yeux ou encore demeurer dans le silence a tendance à nous mettre mal à l'aise. Pourquoi ? Peut-être parce que nous sommes soudainement confrontés au vide de nos pensées, et à cette difficulté que l'on a désormais, par nous-mêmes, à réfléchir ou à créer de nouvelles choses. Notre cerveau est rempli d'informations … mais ces informations, nous ne savons pas forcément les utiliser. Elles sont juste là, pour meubler notre esprit et avoir un semblant de complétude.

Je crois que le point de départ de cette sensibilité à la voix de Dieu[104], c'est accepter le silence.

Arrêtez, et sachez que je suis Dieu.
Psaume 46.10

Et après le feu, un murmure doux et léger.
1 Rois 19:12b

Prendre ce temps de face à face avec Dieu, se mettre intentionnellement à son écoute, et noter clairement ce qui traverse

---

[104] En dehors de la lecture de la Bible qui reste la façon privilégiée dont Dieu nous parle

nos pensées. Cette situation qui tourne en boucle dans ma tête et qui me met mal à l'aise. Ce témoignage d'un frère que je n'avais écouté que d'une oreille, mais qui soudainement me revient. La prédication de dimanche dernier qui m'avait hyper boosté. Cette remarque qu'on m'a faite, mais que j'ai vraiment du mal à digérer. Et Dieu, dans tout ça ? Oui, Il a son mot à dire, et d'ailleurs Il m'a certainement parlé … mais qu'en ai-je fait ? Est-ce qu'il y a des changements que je dois opérer dans ma vie ? Est-ce qu'il y a des décisions que je dois prendre ? Comme je l'ai déjà dit précédemment[105], je crois qu'il y a des pas significatifs qui nous font grandir dans notre foi et dans notre relation avec Dieu : ce sont nos pas d'obéissance. Tant que l'on persiste à laisser de côté les "petits messages" que Dieu nous envoie, nous aurons du mal à entendre la suite de l'aventure.

Qui est-ce qui a méprisé le temps des petits commencements?
Zacharie 4.10

A ce propos, tu es peut-être bloqué car tu te demandes comment faire la différence entre tes pensées et celles de Dieu ? Sache que Dieu utilise aussi tes pensées pour te parler[106], si tu fais une erreur, je crois sincèrement qu'Il saura te prévenir : au travers du temps de qualité que tu auras passé dans sa Parole ou par tout autre moyen que l'on évoquera dans ce chapitre. Et si tu ne comprends toujours pas (ce qui est possible), Il insistera… encore et encore. Dans tous les

---

[105] Chapitre 2
[106] J'en parle d'ailleurs un peu plus loin !

cas, on ne peut pas avancer en craignant toujours de se tromper : cela fait partie de notre marche avec le Seigneur.

Ce qui nous entoure

Oui, Dieu nous parle intérieurement. Mais n'oublions pas que Dieu nous parle aussi au travers nos 5 sens.

J'aime tellement profiter des beaux paysages de la nature et me dire : "Wow, c'est magnifique tout ce que Dieu a créé". Ces montagnes immenses (et des choses bien plus grandes encore) mais aussi ces minuscules petites bêbêtes ! Il y en a tellement et de si différentes. Vraiment, quand je regarde certains documentaires et la manière dont les différents systèmes écologiques interagissent entre eux, en leur lieu et en leur saison, je me demande encore comment peut-on croire que tous ces phénomènes sont le fruit du hasard … Dieu parle, et la création le témoigne.

Interroge les bêtes, elles t'instruiront,
Les oiseaux du ciel, ils te l'apprendront;
Parle à la terre, elle t'instruira;
Et les poissons de la mer te le raconteront.

Déjà dans sa parole, Dieu utilise les éléments naturels pour nous parler. Comparer l'Eglise à un corps humain nous fait comprendre nos différences, nécessaires, alors que nous sommes pourtant dirigés par un seul Esprit[107]. Parler de semence nous fait ouvrir les yeux sur l'état de nos cœurs et comment nous accueillons la Parole de Dieu[108].

Et bien sûr, Dieu nous parle aussi au travers des personnes[109] ! Ces mots d'encouragement, cette prédication, ... mais ne regardons pas simplement aux apparences. Dieu ne parle pas que dans notre contexte "chrétien", par notre pasteur ou d'autres ressources chrétiennes de qualité. Combien de fois Dieu a utilisé des "messagers" inattendus dans la Bible : l'âne de Balaam[110], les corbeaux qui ont nourri Elie[111], le buisson ardent[112], ... On a vite fait de ne pas prêter attention à des messagers que nous trouvons insignifiants. Mais maintenant qu'on le sait, je suis persuadée qu'on y pensera deux fois avant de laisser passer un commentaire qui nous interpelle !

---

[107] 1 Corinthiens 12:12-31
[108] Luc 8:2-21
[109] Ephésiens 4:11-12
[110] Nombres 22, 2 Pierre 2:15-16
[111] 1 Rois 17:1-7
[112] Exode 3:1-2

Marcher dans le surnaturel

Ouh la, je sens qu'il y en a qui commencent à plisser les yeux ! Mais même si on n'est pas retourné aux temps de la Bible, je vais bien parler du surnaturel, parce qu'aujourd'hui encore, Dieu défie les lois de la nature pour nous parler. En tant que chrétien, notre connexion avec Dieu a été rétablie en Jésus-Christ, et désormais, Il peut nous faire connaître sa pensée, par son Esprit.

Mais, comme il est écrit, ce sont des choses que l'œil n'a point vues, que l'oreille n'a point entendues, et qui ne sont point montées au cœur de l'homme, des choses que Dieu a préparées pour ceux qui l'aiment. Dieu nous les a révélées par l'Esprit. Car l'Esprit sonde tout, même les profondeurs de Dieu. Lequel des hommes, en effet, connaît les choses de l'homme, si ce n'est l'esprit de l'homme qui est en lui? De même, personne ne connaît les choses de Dieu, si ce n'est l'Esprit de Dieu. Or nous, nous n'avons pas reçu l'esprit du monde, mais l'Esprit qui vient de Dieu, afin que nous connaissions les choses que Dieu nous a données par sa grâce.
1 Corinthiens 2:9-12

Par son Esprit, Dieu peut nous révéler quelque chose de caché, que nous n'aurions jamais pu savoir autrement[113]. Je crois que beaucoup d'entre nous vivent déjà dans le surnaturel, en posant des actes par conviction par rapport à ce qu'ils pensent que Dieu leur a indiqué.

---

[113] Entre parenthèses, c'est la définition de la prophétie. Nombres 11:29

Mais pourtant, il reste cette crainte d'appeler cela "surnaturel", tout simplement parce qu'on dirait qu'on parle de choses accessibles seulement par les "grands hommes de Dieu". Pourtant moi, je ne suis pas un "grand homme de Dieu" … je suis plutôt, une "petite femme de Dieu[114]", ha, ha ! Encore une fois, je ne vais pas vous faire un enseignement, mais simplement vous témoigner de différentes manières dont Dieu peut encore parler aujourd'hui.

Par les rêves

Dieu parle par les rêves et les visions. Comme cela a été le cas pour bien des personnes dans la Bible. Et encore aujourd'hui. J'ai commencé à noter mes rêves il y a plusieurs années de cela. Tous mes rêves ne sont pas forcément des messages de Dieu pour moi. Parfois, je rêve à cause de situations qui m'ont marqué dans la journée. Parfois, ce sont mes préoccupations que j'y retrouve. Et parfois, mes rêves sont chargés de messages, de symboles, qui n'ont pas de liens directs avec ce que je vis dans le présent, mais que j'apprends à comprendre au fil du temps. Dans tous les cas, je me demande toujours si Dieu n'a pas voulu me dire quelque chose au travers de ces rêves. Je crois que Dieu nous parle avec notre langage personnel, avec des images que nous comprenons. Si tu es musicien, Il fera peut-être un parallèle avec la façon dont tu joues ton instrument. Si tu es enseignant, tu auras peut-être des références à tes cours ou à tes élèves. Parler par des images, c'est ce que Dieu

____

[114] Cela fait référence à ma taille physique : je ne suis pas très grande !

faisait déjà quand Jésus racontait des paraboles : pour que son enseignement soit accessible, Il prenait des exemples de la vie quotidienne des gens de l'époque, comme le travail des bergers[115] ou l'agriculture[116]. Le fait de noter mes rêves (et d'en demander l'interprétation à Dieu) me permet de mieux comprendre certaines choses, de me préparer à des événements à venir ou encore de prier pour un sujet particulier. Garder une trace me permet aussi de discerner s'il y a une évolution que je n'aurais pas remarquée autrement, de revenir plus tard sur d'anciens rêves et finalement le sentir résonner particulièrement dans mon cœur.

De tout mon être

Dieu ne parle pas uniquement la nuit pendant que nous dormons. Parfois, Dieu peut nous parler au travers de nos intuitions, nos sentiments ou parfois même dans la façon dont notre corps réagit. Aujourd'hui, je crois qu'on est un peu fâché avec nos émotions et tout ce que l'on peut ressentir physiquement. Parce que beaucoup ont essayé de manipuler nos sentiments : en jouant des accords musicaux ou des rythmes qui te font sentir plus ou moins sensibles ou encore, en assénant des phrases de motivation qui ne sont pas forcément bibliques, mais qui sonnent tellement bien quand elles sortent de la bouche d'un grand leader charismatique. Oui, certains ont abusé. Et

---

[115] Matthieu 18:12-13, Luc 15:4-7, Jean 10:1-18
[116] Luc 8:5-15, Matthieu 13:31-32, Matthieu 13:24-30, Matthieu 21:33-46, Luc 13:6-9

pourtant, je crois toujours sincèrement que Dieu nous parle à travers nos émotions et notre corps.

Je parlais précédemment de la présence de Dieu dans nos silences[117]. Mais Dieu est aussi présent dans nos émotions fortes. Le piège, c'est d'affirmer que tout est noir et de rejeter tout ce qui est blanc… et inversement. Les extrêmes nous poussent souvent à rejeter tout d'un bloc : jeter le bébé avec l'eau du bain.

Et ils se dirent l'un à l'autre:
Notre cœur ne brûlait-il pas au-dedans de nous,
lorsqu'il nous parlait en chemin et nous expliquait les Écritures?
Luc 24:32

Bien-aimés, si notre cœur ne nous condamne pas,
nous avons de l'assurance devant Dieu.
1 Jean 3:21

Quand tu "sens" qu'il faudrait vraiment que tu parles à telle personne : il est probable que ce soit Dieu qui t'y pousse. Quand tu écoutes un chant et que tu as envie de pleurer, bien sûr que cela peut être émotif, mais peut-être aussi que Dieu est en train de travailler une partie de ton âme[118].

---

[117] Dans ce même chapitre, partie La méditation, selon la Bible
[118] 2 Corinthiens 7:10

Dieu nous parle aussi par des "flashs". Un passage biblique, une vision ou des mots qui résonnent soudainement en nous-mêmes sans vraiment qu'on sache pourquoi. Je ne parle pas de quelque chose que tu aurais toi-même pensé, et qui soit le fruit de tout un raisonnement bien réfléchi. Je parle de ces pensées soudaines auxquelles on ne fait pas forcément attention. Avant, je me disais que c'était juste une pensée furtive parmi tant d'autres dans mon cerveau. Puis j'ai appris à être plus attentive, et, comme à mon habitude, à m'empresser de les noter car parfois certaines pensées filent comme des éclairs ... et je les oublie aussi rapidement (oui, ça arrive).

Est-ce que tu vas balayer d'un revers de la main ces impressions ? Par peur du ridicule, de se tromper, que "ça ne vient pas de Dieu", ... toutes les excuses sont bonnes pour ne pas prêter garde aux signaux que Dieu nous envoie au travers de diverses situations. Je me demande si ce n'est pas comme cela que l'on éteint l'Esprit à petit feu[119]...

Bible ... à remplacer ?

Vous l'aurez compris, je crois que Dieu nous parle encore aujourd'hui de plusieurs façons, et cela, même en dehors de la Bible. Mais j'aimerais tout de même faire un avertissement concernant cela. Je crois que la Bible est et restera notre référence. Si une méditation, une prophétie, un enseignement nous amène à une action contraire à

---

[119] 1 Thessaloniciens 5:19-21

ce qu'il y a dans la Bible, alors … méfiance. Je dirais même plus : vous pouvez fuir[120].

De même, il nous arrive de mener notre petite vie chrétienne en écoutant tous les derniers épisodes de notre émission chrétienne préférée, de nous sentir transporter par ce dernier chant de louange qu'on écoute en boucle, d'enchaîner les prédications en mode coaching de développement personnel, de "sentir" qu'il faut aller à droite ou à gauche … Bien sûr que nous devons avancer avec conviction … mais à quand remonte la dernière fois où nous avons ouvert notre Bible ?

> *Sanctifie-les par ta vérité:*
> *ta parole est la vérité.*
> *Jean 17:17*

Ne remplaçons pas le lait pur de la Parole[121] par des produits industriels pleins d'additifs … On pourrait finir par croire qu'un poisson est rectangle et qu'il nage avec une panure dorée[122], sans connaître ce qu'est un vrai poisson … Prendre l'habitude d'écouter des commentaires "sur" la Bible au lieu de la Bible en elle-même, ou progresser en se basant uniquement sur des souvenirs flous de ce qui est réellement écrit dans la Bible, c'est risquer de se former un Dieu à

---

[120] ou plutôt, vous soumettre à nous à Dieu (Jacques 4:7)
[121] 1 Pierre 2:1-2
[122] Pour ceux qui n'ont pas compris, je parle du poisson pané.

son image[123], qui ne ressemble plus vraiment à la façon dont Il s'est révélé Lui-même par sa Parole[124].

Oui, c'est un peu un numéro d'équilibriste[125], mais sûrement nécessaire pour ne pas devenir esclave de notre propre mode de pensée. Et c'est ce que nous allons voir au prochain chapitre !

---

[123] Exode 20:4-5
[124] Jean 1:1
[125] Décidément, on continue de marcher sur un fil (évoqué premièrement fin du chapitre 3) !

8 - J'ai tout compris !

J'espère que les précédents chapitres vous ont permis de démystifier un peu ce qu'on appelle la relation personnelle avec Dieu. Ou du moins, en partie ! Grandir dans notre foi, c'est super... et cela ne s'arrête jamais : la vie est faite de perpétuels réajustements. Généralement, quand tu crois avoir tout compris ... tu te rends compte que tu n'as rien compris ! Avoir tout compris nous fait inévitablement sombrer dans un système de règles qui nous dictent la vie. La vie en mode robot. La religiosité ou le légalisme, comme on dit.

Le Seigneur dit: Quand ce peuple s'approche de moi,
Il m'honore de la bouche et des lèvres;
Mais son cœur est éloigné de moi,
Et la crainte qu'il a de moi
N'est qu'un précepte de tradition humaine.
Esaïe 29:13

Un cœur proche de Dieu et la crainte de l'Eternel, c'est ce que nous devrions constamment rechercher. On peut rapidement se sentir maître de la situation, parce que c'est quelque chose qu'on a déjà vécu, ou qui a une réponse évidente à nos yeux (humains). Alors on fonce, sans forcément chercher ce que Dieu veut nous dire pour ce moment particulier.

Par (au moins) 2 fois, le peuple d'Israël s'est plaint du manque d'eau dans le désert. A Horeb, Dieu a demandé à Moïse de frapper le rocher pour que l'eau en sorte. Ce qu'il fit[126]. La seconde fois, à Meriba, Moïse a également frappé le rocher afin d'en faire sortir l'eau … mais le problème, c'est que ce n'était pas ce que Dieu avait demandé[127] …

Même situation, réponse différente.

A plusieurs reprises, Jésus a guéri des malades, en particulier des aveugles. Par sa parole[128], en mettant de la boue sur les yeux[129], en touchant les yeux tout en parlant[130]. Et certainement de bien d'autres façons qui ne sont pas mentionnées dans la Bible[131].

Même situation, réponse différente.

Lorsque l'on croit avoir tout compris, nous limitons Dieu dont les pensées vont bien au-delà des nôtres[132]. Ce n'est pas toujours facile d'accepter simplement qu'il y a des choses qui peuvent nous échapper, car notre nature (en tout cas, la mienne) cherche à tout expliquer, tout contrôler. Mais la vérité, c'est que seul Dieu est au contrôle et que nous pouvons Lui faire confiance.

---

[126] Exode 17:1-7
[127] Nombres 20:11
[128] Luc 18:35-43
[129] Jean 9:1-15
[130] Matthieu 9:27-31
[131] Jean 20:30
[132] Esaïe 55:8-9

Rapidement, et souvent sans nous en rendre compte, on se retrouve à simplement suivre des règles, parfois implicites, que nous nous sommes fixées ! Notre cœur s'éloigne si subtilement de Dieu que l'on croit le servir alors que finalement, nous ne servons que notre ego... Par exemple, il arrive que Dieu exauce nos prières les plus folles ... et pourtant, quelques temps plus tard, cette réponse tant attendue se retrouve soudainement compromise ... Prenons Isaac : il est l'accomplissement de la promesse de Dieu envers Abraham[133]. Mais un jour, Dieu demande le sacrifice d'Isaac[134]. Pourquoi ? Pourquoi Dieu demande à Abraham de sacrifier son fils, qu'Il lui a Lui-même donné ? C'est trop dur ! Incompréhensible, même ! Dieu est riche en bonté et capable de pourvoir au-delà de ce que nous demandons ou pensons[135]. Le problème survient quand cette prospérité devient plus importante que Dieu. Quand nous faisons passer ce que Dieu nous a donné avant Dieu Lui-même. Le serpent d'airain a été élevé dans le désert afin que les Israélites piqués par des serpents venimeux soient guéris[136]. Mais ce même serpent est devenu plus tard un sujet de chute pour les Israélites, qui ont commencé à l'adorer[137] ! Le serpent d'airain autrefois signe de guérison divine est devenu ... une idole. Et une idole, c'est ce que nous érigeons aussi parfois avec ce que Dieu nous a donné : nos talents, nos responsabilités, nos biens, ... nos ministères. Et si, un jour, Dieu me demandait de repartir d'une page blanche ? De perdre tout l'équipement qui m'a été fourni pour exercer

---

[133] Genèse 17:19
[134] Genèse 22
[135] Ephésiens 3:20-21
[136] Nombres 21:9
[137] 2 Rois 18:4

mon ministère ? Serais-je prête à tout perdre, et à tout recommencer ? Serais-je prête à sacrifier "mon Isaac" ? Il nous arrive parfois d'ériger le don au-dessus du Donateur. Ma prière est que je puisse désirer Dieu, et non pas seulement ce qu'Il fait pour moi. Que je puisse le vouloir, Lui, au-delà de ce fameux projet "qu'Il m'a mis sur le cœur". En vérité, c'est difficile d'être confronté aux (vraies) motivations de notre cœur et non pas à nos vœux pieux que l'on énonce en public !

Dans notre marche avec Dieu, ne croyons jamais que nous avons tout compris. N'enfermons pas Dieu dans la boîte de nos raisonnements, aussi aboutis peuvent-ils nous sembler. Dieu est Dieu. Il a tout créé à partir de rien. Aujourd'hui encore, Il peut nous surprendre avec de nouveaux schémas de pensée !

Mais, comme il est écrit,
ce sont des choses que l'œil n'a point vues,
que l'oreille n'a point entendues,
et qui ne sont point montées au cœur de l'homme,
des choses que Dieu a préparées pour ceux qui l'aiment.
1 Corinthiens 2:9

Ne vous conformez pas au siècle présent,
mais soyez transformés par le renouvellement de l'intelligence,
afin que vous discerniez quelle est la volonté de Dieu,
ce qui est bon, agréable et parfait.
Romains 12:2

A plusieurs reprises, nous avons parlé de ce numéro d'équilibriste dans notre vie chrétienne[138] : marcher sur le chemin étroit, ne pas partir dans un extrême pour rejeter l'autre extrême. Bien sûr que nous sommes zélés[139]. Mais, parfois, nous devons aussi ouvrir nos yeux sur le feu qui anime ce zèle[140].

Les pharisiens étaient zélés. Mais ils se sont mis à vénérer leurs règles plus que leur relation avec Dieu[141].

Marthe était zélée. Mais elle s'est retrouvée à se donner sans compter dans le service en oubliant de passer du temps au pied de Jésus[142].

Une seule chose est nécessaire.
Marie a choisi la bonne part, qui ne lui sera point ôtée.
Luc 10:42

Quant à nous, où en sommes-nous ?

---

[138] Chapitres 3, 5, 6 7 … peut-être que j'en oublie : le but du jeu maintenant, c'est de retrouver toutes ces références à ce fameux équilibre !
[139] Romains 12:11
[140] Luc 9:51-56
[141] Matthieu 23
[142] Luc 10:38-42

Conclusion

Et voilà ! Nous arrivons déjà à la fin de notre petit parcours ensemble ! Je bénis Dieu que l'on soit arrivé jusqu'ici !

Je bénis Dieu pour vous, parce que vous avez persévéré jusqu'au bout alors qu'un éditeur m'aurait certainement encouragé à faire un texte plus court et percutant plutôt que de m'attarder sur certains détails. Mais bon, c'est juste moi[143].

Je bénis aussi Dieu pour moi[144], parce que j'arrive au bout d'un projet qui me tenait vraiment à cœur. La Bible dit très justement[145] :

Mieux vaut la fin d'une chose que son commencement;
mieux vaut un esprit patient qu'un esprit hautain.
Ecclésiaste 7:8

Et c'est vrai[146].

---

[143] J'en profite pour vous remercier également d'avoir lu les notes de bas de pages, qui j'espère, ont permis d'alléger un peu la compréhension de mon flux de pensées en arborescence ! Mon cerveau et moi vous remercions !

[144] Sans complexe, la fille…!

[145] Pléonasme

[146] Evidemment, c'est la Bible …

Justement, un dernier encouragement avant de vous laisser tranquille[147]. Vous êtes peut-être comme moi, à avoir des milliers de projets en tête et, finalement, avoir bien du mal à en finir au moins un. Eh bien voilà, par la grâce de Dieu, je suis arrivée jusqu'au bout ! Et vous pouvez le faire aussi ! Pour ma part, je sais aussi que la fin de ce livre annonce aussi le début du suivant ! Mais avec le temps, j'ai appris à prendre les projets un par un. Parce que j'ai tant de choses à partager, et que Dieu me fait la grâce de pouvoir le faire. Mais là, je vais partir dans du hors sujet … qui fera peut-être l'objet d'un prochain livre !

En attendant, vous pouvez vous tenir au courant de mon activité en vous inscrivant à ma newsletter sur https://ellanandria.com/contact/ !

Mais surtout, l'essentiel est de rester connectés au Seigneur !

---

[147] Heureusement, parce que les notes de bas de pages commençaient à partir dans tous les sens !

Table des matières

ellanandria.com